물 아저씨 과학 그림책 15

옛날에 공룡이 살았어

2016년 12월 30일 1판1쇄 발행 | 2025년 3월 15일 1판20쇄 발행

글·그림 | 아고스티노 트라이니   옮김 | U&J
펴낸이 | 나성훈   펴낸곳 | (주)예림당
등록 | 제2013-000041호   주소 | 서울시 성동구 아차산로 153
구매 문의 전화 | 561-9007   팩스 | 562-9007
책 내용 문의 전화 | 3404-9228
http://www.yearim.kr

책임 개발 | 박효정 / 서인하 문새미   디자인 | 이정애   콘텐츠 제휴 | 문하영
제작 | 신상덕 / 박경식   마케팅 | 임상호 전훈승

ISBN 978-89-302-6784-7 74400
ISBN 978-89-302-6857-8 74400(세트)

이 책의 한국어판 저작권은 (주)예림당과 Atlantyca S.p.A.사와의 독점 계약으로 (주)예림당에 있습니다.
저작권법에 의해 한국 내에서 보호를 받는 저작물이므로 무단 전재와 복제를 금합니다.

All names, characters and related indicia contained in this book, copyright of Edizioni Piemme S.p.A.,
are exclusively licensed to Atlantyca S.p.A. in their original version. Their translated and/or adapted
versions are property of Atlantyca S.p.A. All rights reserved.
Text and illustrations by Agostino Traini

©2016 Edizioni Piemme S.p.A., Palazzo Mondadori – Via Mondadori, 1 – 20090 Segrate
©2016 for this book in Korean language – YeaRimDang Publishing Co., Ltd.
International Rights   Atlantyca S.p.A. - foreignrights@atlantyca.it – www.atlantyca.com
Original Title: DOVE SEI FINITO, DINOSAURO?
Translation by: 옛날에 공룡이 살았어

No part of this book may be stored, reproduced or transmitted in any form or by any means, electronic
or mechanical, including photocopying, recording, or by any information storage and retrieval system,
without written permission from the copyright holder. For information address Atlantyca S.p.A.

물 아저씨 과학 그림책 15

옛날에 공룡이 살았어

글·그림 아고스티노 트라이니

"도대체 뭘 하는 거지?"
물 아저씨와 문어 빈첸초는 아까부터 해변에서
열심히 모래를 파고 있는 두 사람을 지켜봤어요.
"뭔가 하고 있는 것 같긴 한데, 나도 잘 모르겠어."

마테오와 사라는 고생물학자예요.
모래 속에 묻힌 공룡 뼈 화석을 신나게 찾고 있었지요.
"뼈가 이렇게 큰 걸 보니 엄청 커다란 공룡인 것 같아!"
"공룡 뼈들을 모아서 원래 모양대로 맞춰 보자!"

마테오와 사라는 이리저리 공룡 뼈들을 맞추려고 애썼지만, 뼈가 너무 많아서 좀처럼 쉽지 않았어요. 가만히 지켜보던 물 아저씨가 슬쩍 끼어들어 순식간에 뼈를 다 맞추어 주었어요.

사라의 눈이 휘둥그레졌어요.
"물 아저씨, 어떻게 한 거예요?"
"그야, 나는 공룡 친구들을 잘 아니까. 이건 알로사우루스의 뼈야."

"나는 지구가 생겨났을 때부터 있었어. 그래서 공룡도 많이 봤지."
마테오와 사라는 깜짝 놀라 멍하니 서 있었어요.
"놀랐어? 편하게 앉아 봐. 공룡에 대해 이야기해 줄 테니까."
물 아저씨가 빙그레 웃었어요.

"맨 처음 지구에는 아무도 살지 않았어. 하늘에서 혜성과 운석이 떨어지고 화산은 계속해서 폭발했어. 온통 가스로 가득 차서 지구는 아주 뜨거웠어. 마치 지옥 같았지!"

"그러던 어느 날, 비가 내리기 시작했어. 억수같이 쏟아졌지. 수백만 년 동안이나 계속 내렸는데, 계곡 물은 넘쳐흘렀고 들판은 물에 잠겼어. 마침내 비구름이 걷히고 해가 모습을 드러내면서 바다가 생겼어."

놀라운 이야기야.

지구가 생겨난 지 얼마 안 됐을 때네.

"그때까지도 지구에는 나랑 땅뿐이었어. 몇 번은 내가 어는 바람에 지구 전체가 얼음이 되었던 적도 있어. 신기하지? 지구가 커다란 눈덩이 같았다니까!"

"처음으로 생겨난 생명체는 박테리아였어. 세균 말이야. 바다에 살았는데 친구로 지내기에는 너무 작았지. 그다음에는 해파리와 해면 동물, 삼엽충이 나타났지만 별로 즐겁진 않았어!"

쟤네들은 대답도 잘 안 해. 심심해~

"그러다 물고기 친구들이 생겨났어. 괴물같이 생긴 거대한 둔클레오스테우스와는 아주 친하게 지냈어."

"곧 식물들도 자라나 울창한 숲을 이뤘어. 바다에서는 상어의 조상이 나타났고. 아, 바다에 있던 몇몇 친구들은 땅으로 옮겨 갔어."
"그게 양서류군요!"
마테오와 사라가 동시에 소리쳤어요.

친구들이 많아졌네.

네발 동물이 나타났네.

"땅에는 다양한 파충류 친구들이 나타나기 시작했어.
몇몇 친구들은 하늘을 나는 방법을 배웠지."

"그런데 또 갑자기 땅이 흔들리고 화산이 폭발했어. 화산재가 하늘과 땅을 뒤덮어 거의 모든 친구들이 사라지고 말았어!"
물 아저씨는 한숨을 내쉬었어요.
"그래서 어떻게 됐어요?"

"수백만 년이 지난 뒤에야 친구들이 하나둘 다시 나타났어.
하늘을 나는 친구, 바닷속을 헤엄치는 친구, 들판을 달리는 친구!
맞다, 공룡도 이때 나타났어."

공룡이라는 말을 듣자마자, 마테오와 사라가 질문을 쏟아 냈어요.
"공룡은 어떻게 생겼어요? 뭘 먹고 살았어요?"
"무서웠나요? 냄새도 났어요? 달리기도 잘했어요?"
"진정해! 하나씩 차근차근 이야기해 줄게."

"공룡들도 처음에는 몸집이 작았어. 쥐라기 때부터 덩치 큰 친구들이 나타났지. 특히 하늘을 나는 익룡, 프테로닥틸루스가 물고기를 잡으려고 물속으로 날아들곤 했는데, 그럴 때마다 아주 깜짝 놀랐지 뭐야!"

"산처럼 몸이 크고 목이 기다란 용각류 친구들도 기억나!
나뭇잎을 먹고 어쩜 그렇게 몸집이 커졌는지…"

"이 친구들이 쿵쿵거리며 지나가면 마치 지진이 난 것 같았어. 물도 펌프처럼 벌컥벌컥 들이켰고, 오줌도 폭포처럼 콸콸 누었지."

"공룡은 무슨 색이었어요?"
"밝고 화려했던가? 깃털이 있는 친구도 있었지, 아마."
물 아저씨가 곰곰이 생각하더니 고개를 갸웃거렸어요.

"공룡들은 생김새와 크기, 성격까지 모두 달랐어. 공룡은 육지를, 익룡은 하늘을, 어룡이나 수장룡 등은 바다를 누볐어. 잠시도 지루할 틈이 없었지. 축제 같았다니까."

"물 아저씨, 그 많던 공룡들은 어떻게 사라졌어요?"
"큰일이 닥쳤거든. 지구가 소행성이나 혜성과 부딪힌 건지, 갑자기 불꽃이 번쩍하더니 어마어마한 먼지가 사방으로 흩어지며 하늘을 가렸어. 곳곳에서 화산이 터지고 커다란 파도가 육지를 덮치고 말았지."

살려 줘!
무슨 일이래?

"결국 공룡 친구들은 6천 5백만 년 전에 모두 사라졌어. 조그마한 동물 친구들 몇몇만 살아남았지. 오랜 시간이 흐른 뒤에야 지구에는 다시 평화가 찾아왔어. 지금의 새들은 공룡들의 후손이라고 할 수 있어."

평화로워.

"물 아저씨, 이야기 정말 재밌었어요. 이제 저희는 공룡 뼈를 박물관으로 가져갈게요. 다른 사람들도 볼 수 있게요."
마테오와 사라는 알로사우루스의 뼈를 싣고 출발했어요.
물 아저씨는 둘을 바라보며 프테로닥틸루스와 함께 인사했어요.
아니, 갈매기와 함께요!

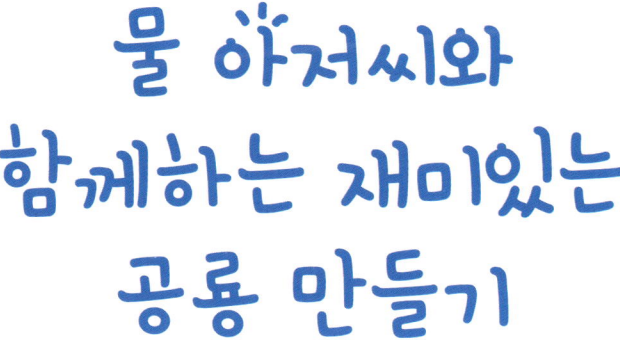

물 아저씨와 함께하는 재미있는 공룡 만들기

차근차근 따라 해 보세요!
멋진 공룡 친구들이
뚝딱 만들어질 거예요!

애완 공룡 만들기

준비물

 가위  자

두꺼운 종이

색연필이나 사인펜

난이도

1 다음 페이지에 나오는 공룡 그림을 무겁고 두꺼운 종이에 복사해요.

2 색연필이나 사인펜으로 공룡을 알록달록하게 색칠해요. 공룡 발아래에 동그란 받침도 예쁘게 칠해요.

③ 선을 따라 가위로 오려요. 단, 공룡 발바닥 쪽의 선은 자르면 안 돼요.

자르는 곳

자르지 않는 곳

④ 공룡을 위로 접어 올려요. 받침을 바닥에 놓고, 접는 선을 따라 공룡을 접어요. 자를 대고 접으면 잘 접을 수 있어요.

접는 선

캬오~

자, 이제 공룡들과 신나게 놀아요!

야고스티노 트라이니는 누구일까요?

저는 1961년에 태어났어요.
어렸을 때는 몰랐어요.

커서 그림책을 만드는 사람이
될 줄 말이에요.

한 권의 책을 만들려면 먼저
좋은 생각이 떠올라야 해요.

보통은 재미있는 등장인물들이
머릿속에 떠올라요.

엉뚱한 상황들도요.

하지만 가끔은 아무 생각도
나지 않을 때가 있어요!

생각이 떠오르면 그림을 그리기 시작해요. 먼저 연필로 그린 다음, 검은색 잉크로 다시 그려요.

그런 다음, 모든 장면을 색칠해요. 붓과 물감을 쓰기도 하고

컴퓨터로 작업할 때도 있어요. 이 책은 컴퓨터로 만들었어요.

이 모든 작업이 끝나면 인쇄해서 책이 완성됩니다. 정말 행복한 순간이지요!

Agostino Traini

아래의 주소로 저에게 이메일을 보낼 수 있어요.
agostinotraini@gmail.com

물 아저씨 과학 그림책

과학 공부의 시작은 물 아저씨와 함께! 세상 곳곳의
신기한 과학 현상을 배우며 지적 호기심을 가득 채워 보세요!

글·그림 아고스티노 트라이니 | 175×240mm | 32~48쪽

    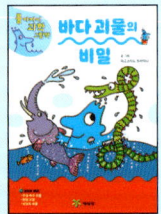 

1. **물** 아저씨는 변신쟁이
2. **공기** 아줌마는 바빠
3. **해** 아저씨는 밤이 궁금해
4. 키다리 **나무** 아저씨의 비밀
5. **계절**은 돌고 돌아
6. 물 아저씨와 **감각** 놀이
7. 알록달록 **색깔**이 좋아
8. **화산**은 너무 급해
9. 물 아저씨는 **힘**이 세
10. **농장**은 시끌벅적해
11. 바람 타고 **세계** 여행
12. **불** 아저씨는 늘 배고파
13. **폭풍**은 이제 그만
14. 물 아저씨와 **몸속** 탐험
15. 옛날에 **공룡**이 살았어
16. **파도**가 철썩 지구가 들썩
17. **바다 괴물의 비밀**